나라를 구한
여성 독립운동가 이야기

교과 연계 추천 도서

국어 5학년 1학기 10단원 주인공이 되어
국어 6학년 1학기 6단원 인물의 삶을 찾아서
국어 6학년 2학기 1단원 작품 속 인물과 나

그린이 유재엽

등대해양문화 웹툰 공모전 수상 이후 다양한 분야에서 일러스트레이터로 활동하고 있다.
만화 〈튬향전〉을 연재했으며, 그동안 그린 책으로 〈정말 정말 재미있는 만화 탈무드〉가 있다.
어린이들에게 많은 상상을 보여줄 수 있는 그림작가로 남고 싶다.

진짜진짜 공부돼요 29

나라를 구한
여성 독립운동가 이야기

2023년 8월 15일 초판 1쇄

글 울산창작동화 실바람문학회 그림 유재엽
펴낸이 김숙분 디자인 김은혜·김바라 홍보·마케팅 최태수
펴낸 곳 (주)도서출판 가문비 출판등록 제 300-2005-60호
주소 (06732) 서울 서초구 서운로19, 1711호(서초동, 서초월드오피스텔)
전화 02)587-4244/5 팩스 02)587-4246 이메일 gamoonbee21@naver.com
홈페이지 www.gamoonbee.com 블로그 blog.naver.com/gamoonbee21/
제조국 대한민국 사용 연령 8세 이상
주의사항 종이에 베이거나 긁히지 않게 조심하세요.
ISBN 978-89-6902-602-6 73810

© 2023 울산창작동화 실바람문학회

- 책값은 뒤표지에 있습니다.
- 잘못된 책은 구입하신 곳에서 바꾸어 드립니다.
- 이 책의 내용과 그림은 저자와 출판사의 허락 없이 사용할 수 없습니다.

나라를 구한 여성 독립운동가 이야기

울산창작동화 실바람문학회 글 · 유재엽 그림

차례

유달산에 태극기를 꽂은 김귀남 | 김영 ___ 7

울 엄마 이월봉 | 김영주 ___ 21

임시정부의 살림꾼, 정정화 | 김이삭 ___ 37

간호사 박자혜 | 엄성미 ___ 49

도끼로 문을 부수고 독립만세를 외치다! 고수선 | 이수진 ___ 61

대한의 독립과 결혼한 김마리아 | 장세련 ___ 73

나는 죽어서도 독립을 원해요, 박차정 | 정임조 ___ 87

샘골 선생님, 최용신 | 조영남 ___ 99

마음속에 품은 꿈, 권기옥 | 최미정 ___ 111

민족의 어머니, 김락 | 최봄 ___ 123

작가 후기 ___ 134

유달산에 태극기를 꽂은 김귀남

김영

"귀남아, 뭐 하니?"

엄마가 방문을 열었다. 창문 밖 장미를 바라보고 있던 귀남은 깜짝 놀라서 몸을 움츠렸다. 그 바람에 무릎에 놓인 수틀이 방바닥으로 톡 떨어졌다.

"놀라긴? 무슨 생각을 하고 있었던 거야?"

"아, 아니에요."

귀남은 입가를 올리며 빙그레 웃었다.

"우리 귀남이, 어쩜 이리 수를 잘 놓을꼬."

엄마가 장미 꽃수가 예쁘게 놓인 수틀을 들여다보며 흐뭇하게 웃었다.

"완성되면 엄마한테 선물로 드릴게요."

귀남이 초록색 실을 꿰며 말했다.

"같이 시장에 다녀오지 않을래? 학용품 살 게 있다고 하지 않았어?"

"예, 엄마."

귀남은 수틀을 책상 위에 얌전히 올려놓고 엄마를 따라나섰다.

엄마는 저녁 찬거리를 먼저 사야 한다며 선창[1] 시장으로 귀남을 데려갔다.

목포항에는 일본 군대가 주둔해 있었고, 신식 석조 건물인 동양척식회사[2] 목포지점과 일본 영사관이 자리하고 있었다. 크고 작은 상점들은 일본인을 위한 수탈 창고에 불과했다.

쌀자루를 진 남자들이 선착장을 향해 걸어가는 모습이 귀남의 눈에 들어왔다. 남자들의 찢어진 옷 사이로 벌건 흉터가 드러나 보였다.

뱃고동 소리가 울리자 일본 순사들이 남자들의 종아리를 사정

---

1) 선창: 물가에 다리처럼 만들어 배가 닿을 수 있게 한 곳.
2) 동양척식회사: 일본이 조선의 토지와 자원을 수탈하기 위해 설립한 회사.

없이 내리치며 말했다.

"느림보 조센징3)들아! 배가 곧 떠난다. 빨리 걸어."

그 모습을 지켜보고 있던 할아버지가 길게 한숨을 쉬었다.

"나쁜 놈들! 우리 먹을 쌀을 아주 싹 쓸어가는군."

지팡이를 짚고 있던 할머니도 한마디 했다.

"어디 쌀뿐이에요? 소금도 싹싹 긁어 가고, 면화도 거둬가고……."

"나라 잃은 설움이 어디 그것뿐이겠습니까?"

옆에 있던 청년이 큰 소리로 거들었다.

"쉿! 조용히 해요. 저들이 들으면 큰 화를 당해요."

엄마가 손가락을 들어 입술에 댔다.

귀남은 가슴을 움켜쥐며 이를 악물었다.

"우리는 왜 나라를 빼앗겼을까요?"

"귀남아, 왜놈들에게 더 이상 당하지 않으려면 깨어 있어야 한다. 어서 가자."

엄마도 눈가를 훔쳤다.

---

3) 조센징: 본래 뜻은 인종 차별적인 의미가 없었으나, 일제 강점기를 거치면서 한국인에 대한 멸시의 단어로 사용되기 시작했다.

1921년 11월, 귀남은 미국 워싱턴에서 군비감축회의를 개최한다는 사실을 신문 보도를 통해 접했다.

귀남은 학교에 가자마자 빼앗긴 나라를 속히 찾아야 한다고 늘 가르치던 한문 선생님을 찾아갔다.

"일본에 더 이상 당하지 않으려면 우리의 독립 의지를 알려야 한다. 우리 정명여학교가 앞장설 것이다. 놈들에게 들키지 않게 일을 해나가야 한다."

"옥실, 유금, 복술에게 말하겠어요."

옥실이 귀남의 말을 듣고 말했다.

"영흥학교 친구들에게도 말해서 함께 하자."

"좋은 생각이야! 태극기를 제작해서 나누어주는 일을 우리가 맡자."

유금, 복술도 찬성했다.

"애들아, 태극기 한 장이라도 더 만들어야 해."

파랑 빨강 검정 잉크통을 바라보며 귀남이 말했다.

"꼬박 밤을 새워야 해서 주먹밥을 챙겨두었어."

복술이 살짝 웃으며 주먹밥을 꺼냈다.

그때 기숙사 방문 밖에 인기척이 느껴졌다. 이어서 누군가 똑똑 문을 두드렸다.

귀남이 문을 살며시 열자 차디찬 11월의 바람이 휙 들이쳤다.

"다들 모여 있구나. 고생이 많다."

한문 선생님이 방으로 들어오자마자 품에서 두루마리를 꺼냈다.

"독립선언서와 결의문이란다. 다 같이 필사부터 하자. 귀남이는 글을 잘 쓰니 독립에 대한 노래를 완성해 봐."

"독립 선언서하고 결의문이오?"

아이들이 놀란 얼굴로 물었다.

"독립에 대한 노래를 쓰라고요?"

귀남도 눈을 동그랗게 떴다.

"우린 태극기 하나라도 더 만들어야 하는데요."

유금이 태극기를 가리켰다.

아이들은 독립선언서와 결의문을 베끼고 태극기를 그리고 독립 노래를 만드느라 정신이 없었다.

"피도 조선, 뼈도 조선. 살아 조선. 죽어 조선……."

방에서 독립 노래가 울려 퍼졌다. 어느새 푸르스름한 빛이 돌더니 말간 해가 방 안으로 깊숙이 들어왔다. 드디어 결사 항쟁의 날이 밝았다.

선생님이 아이들을 둘러보며 말했다.

"독립선언서와 결의문 사본은 만세 시위 현장에 뿌릴 것이다. 무엇보다 몸조심하여라. 혹시 잡혀서 주동 인물을 묻거든 지체 말고 선생님이라고 답해라. 꼭 명심하여라."

아이들은 고개를 숙였다. 굵은 눈물이 발등에 뚝뚝 떨어졌다.

"파바박~~ 팍 퍽!"

오전 수업을 끝내자, 정오를 알리는 대포 소리가 유달산에서 들려왔다. 태극기를 들고 귀남과 친구들이 복도로 나갔다.

학생들이 일사불란하게 달려와서 태극기를 받아 갔다.

"땡땡땡땡땡!!!"

긴박한 종소리가 영흥학교 쪽에서도 터졌다. 귀남이 눈으로 학생들에게 신호를 보냈다.

교문 밖으로 달려 나가니 양동교회 교인들과 영흥학교 학생들이 기다리고 있었다. 귀남이 힘차게 말했다.

"한 팀은 동양척식회사와 일본 영사관 쪽으로 가고 다른 팀은 유달산으로 간다."

상점 일꾼들도 문을 닫고 따라나섰다. 순식간에 벌떼처럼 불어난 시민들이 목청껏 외쳤다.

"일본은 물러가라! 여기는 조선 땅이다!"

귀남과 몇몇 친구는 일등바위에 태극기를 꽂으려고 유달산으로 뛰어 올라갔다. 큰 도로로 만세 행렬이 밀물처럼 내려왔다.

"삐이익!"

갑자기 날카로운 호루라기 소리가 울렸다.

"거기 서랏!"

일본 순사들이 귀남과 친구들을 따라오고 있었다.

귀남과 친구들은 일등바위 위로 올라갔다. 목포 시내가 한눈에 내려다보였다. 귀남과 친구들은 일등바위에 태극기를 꽂고 목이 터져라 외치기 시작했다.

"조선 독립 만세! 조선 독립 만세!"

순간, 억센 손길이 귀남과 친구들의 댕기머리를 낚아챘다. 그 바람에 쓰러진 귀남의 등짝이 잘근 밟혔다. 댕기머리를 끌어당기는 손아귀에 귀남의 목이 젖혀졌다.

"여기는 대일본제국의 땅이다. 이 조센징들아!"

귀남은 터져 나오는 비명을 삼켰다. 사방에서 고함이 들리다

가 멀어졌다. 주먹으로 세게 맞아서 고막이 터졌는지 귀가 윙윙거렸다.

귀남과 친구들은 목포 경찰서로 끌려왔다. 한문 선생님이 피투성이가 된 채 포승줄에 묶여 있었다.
'이놈들이 선생님을…….'
귀남의 눈에서 불똥이 팍팍 튀었다.
"만세 사건 주동자를 대라."
귀남은 피딱지가 덕지덕지 붙은 입술을 꽉 깨물었다. 눈물이 쏟아졌지만, 손이 뒤로 묶여 있어서 닦을 수가 없었다.
"주동자는 나라고 몇 번 말했느냐? 아이들은 아무 죄가 없다."
한문 선생님이 외쳤다.
일본 순사는 옆구리에 찬 긴 칼에 손을 댔다.
"우리는 다 자랐어요. 선생님이 시킨다고 목숨을 걸고 만세를 부릅니까? 우리 가슴에서 피가 끓고 있는데 만세도 못 외칩니까?"
"시끄럽다!"
귀남의 옆구리로 구둣발이 날아왔다. 고꾸라지면서 벽에 머리

를 부딪쳤다. 귀남은 차디찬 바닥에 쓰러진 채 미처 완성하지 못한 장미꽃 수틀을 떠올렸다.

'장미꽃과 기쁜 소식을 전해 주는 손님 까치를 더 수놓을 거야. 머지않아 해방이 될 테니까…….'

눈앞이 뿌옇게 흐려져 왔다. 귀남은 눈을 감으며 속으로 조선 독립 만세를 수없이 외쳤다.

나라를 구한 여성 독립운동가

김귀남 (1904~1990)

전남 목포의 정명여학교에 재학 중 1921년 11월, 미국 워싱턴에서 군비감축회의를 개최한다는 사실을 신문 보도를 통해 접했다. 김귀남은 같은 학교 김옥실, 주유금, 박복술과 영흥학교 학생들과 힘을 합쳐 태극기를 제작하고 독립만세 시위운동을 전개하다가 체포되어 옥고를 치렀다. 정부에서는 고인의 공훈을 기리어 1995년에 대통령 표창이 추서되었다.

울 엄마, 이월봉

김영주

"이제 고모가 네 엄마야! 빨리 가!"

엄마가 멍하니 서 있는 나를 보며 발을 굴렀다.

돌아오는 길에 보니 고모가 저만치에서 걸어오고 있었다. 키가 남자만큼 컸다.

"또 니 집에 갔네?"

나는 대답도 안 하고 앞서서 걸어갔다.

"이제 내년이면 중학생 되는데, 언제까지 어메 치마꼬리만 잡고 있을 끼야?"

"……."

"내일이 운동회인데, 일찍 집에 가서 자야지비."

나는 걸음을 멈추고 휙 돌아봤다.

"운동회, 혼자 갈 거야!"

"왜? 내가 창피하네?"

고모가 빠른 걸음으로 다가와서 물었다.

"그래, 창피해. 우리 엄마가 누군지 친구들이 다 아는데, 고모가 갑자기 엄마라고 오면 어떻게 하냐고!"

나는 발을 동동 굴렀다.

"내가 그동안 운동회에서 달음박질하고, 모래주머니도 던지는 게 얼마나 부러웠는데……. 더군다나 이제 중학교에 가니, 마지막 운동회 아이네? 꼭 가고 싶다야."

고모가 달래듯이 말했다.

"그럼 혼자 가면 되겠네."

나는 말을 던지듯 하고 뛰었다.

"니가 뛰어봤자 벼룩이지비."

고모가 내 뒤통수에 대고 소리쳤다.

그때 옆에서 따각따각 말발굽 소리가 났다. 나는 얼른 비켜서면서 말 위에 타고 있는 사람을 올려다봤다. 목이 부러지라 젖혀도 진수 아버지 얼굴이 안 보일 만큼 높았다.

긴 말꼬리가 내 머리 옆에서 휙휙 흔들리면서 지나쳐 갔다. 말 엉덩이에서 똥이 뿌직뿌직 흘러나왔다. 지푸라기가 섞인 말똥이 길에 쏟아졌다.

"저, 친일파 놈!"

어느새 따라온 고모가 진수 아버지 뒤에 대고 주먹질을 해댔다.

"진수 아버지가 친일파예요?"

"몰랐네? 내 저런 놈이 활개 치고 사는 걸 보다니!"

"그래도 고모는 나처럼 진수한테 당하면서 살진 않잖아요."

나는 주먹으로 가슴을 탕탕 쳤다.

"진수가 학교에서 어쩌는데?"

"초콜릿으로 아이들을 자기 부하로 만들고……."

"해방된 조국에서 친일파가 부자로 사는 꼴을 보다니……. 이러려고 내가 만주에서 그 고생을 한 건 아니지비."

고모가 나를 따라서 가슴을 주먹으로 쾅쾅 쳤다.

"만주에서 뭘 했는데요?"

이건 고모가 제일 좋아하는 질문이다.

"니, 이범석 장군이라고 아네? 나는 한국광복군 제2지대 여군 반장이었다."

고모가 말을 하면서 가슴을 쭈욱 폈다. 고모는 그동안 만주에서 독립운동을 했다. 해방되어서 돌아왔지만, 결혼도 안 한 채여서 부모님이 나를 고모의 양아들로 보냈다. 고모의 양아들이 되었다고 해서 부모님을 못 보는 건 아니지만, 마음에 내키지 않아서 자꾸 엄마에게 찾아가는 것이다.

"일본놈들과 싸우느라 죽을 고비를 얼마나 많이 넘겼는지 아네?"

"그러면 뭐 해요? 결혼도 못 했잖아요."

나는 말을 해놓고 아차 싶었다.

저녁이 되자 고모가 말없이 저녁상을 방으로 들여왔다. 우리는 서로 조용히 밥만 먹었다.

아침이 되자 운동복을 입고 학교로 갔다. 교문 앞에 커다란 솥이 걸려 있고, 시뻘건 국이 그 안에서 펄펄 끓고 있었다. 구수한 냄새에 침이 꼴깍 넘어갔다.

학교 건물 앞에는 만국기가 줄줄이 걸리고, 운동장 뒤에는 솜사탕 장사와 엿 장사가 진을 쳤다.

"야, 너희 나한테 초콜릿 얻어먹었지? 오늘 삼각달리기는 무조건 내 뒤에 들어와야 해!"

진수가 으름장을 놓았다.

"너도!"

진수가 나를 가리켰다. 진수 뒤로 고모가 운동장으로 들어서는 것이 보였다. 오늘은 웬일로 다른 엄마들처럼 하얀 치마저고리를 입었다. 내 입에서 안도의 한숨 소리가 새어 나왔다.

"나는 초콜릿 안 먹었는데?"

"이게."

진수가 나한테 주먹을 들이댔다.

"왜 우리 아들한테 주먹질하네?"

고모가 어느새 다가와 진수의 팔을 딱 잡았다. 내 얼굴이 빨개졌다. 진수가 나와 고모를 번갈아 보았다.

"니 이름이 뭐니?"

고모가 진수에게 물었다.

"김진수요!"

"우리 아들 건드리지 마라."

고모가 진수에게 눈을 부라리며 말하고는 학부모들이 모여있는 곳으로 갔다.

"엄마가 바뀌었어? 게다가 엄마가 아니라 아빠 같은데? 무슨 여자가 몸집이 저렇게 커? 소도 때려잡겠다."

진수는 고모가 걷는 흉내를 냈다.

"여하튼 오늘 삼각달리기는 우리 아빠랑 내가 일등 해야 해. 그런 줄 알아."

진수가 허공에 주먹질을 하더니 가 버렸다.

운동회를 시작하기 전에 교장 선생님이 연설했다. 나는 발로 운동장을 쿡쿡 찍었다.

나무 그늘에 학부모들이 앉아 있었다. 엄마와 아빠, 그리고 고모가 같이 앉아 있는 게 보였다.

"김진수 아버님께서 금일봉을 주셨습니다."

교장 선생님이 말하자 사람들이 박수를 쳤다. 교단에 올라가 있던 진수 아버지가 허리를 굽혀서 인사했다. 진수가 나를 보며 으스댔다.

체조를 마치고, 모래주머니로 박 터뜨리기를 했다.

점심시간이 되자, 고모가 나에게 손짓했다.

"어서 오라우!"

나는 달려가서 아빠를 보며 물었다.

"삼각달리기는 누구랑 나가?"

그러자 고모가 엄지로 자기를 가리켰다.

"나랑 하면 되지비."

나는 못 본 척하고 아빠만 바라봤다. 아빠가 내 눈길을 피했다.

"어떻게 여자랑 해요?"

내가 고모에게 소리쳤다.

"여자랑 하면 뭐 어때서 그러니? 여자나 남자나 똑같다. 만주에서도 여자라고 해서 다르지 않았다. 남자와 같이 벽돌도 나르고, 힘든 일도 똑같이 나눠서 했다."

고모의 말소리가 점점 커졌다.

엄마는 말없이 김밥이 들어 있는 도시락통을 열었다.

"누님, 이거 드시고 말씀하세요."

아빠가 고모에게 말했다.

"아빠, 말 좀 해 봐요!"

나는 아빠에게 소리쳤다.

"아빠라고 부르지 마라. 너는 이제 고모 아들이다."

아빠가 고모를 가리켰다.

"왜 그런 걸 어른들끼리 맘대로 정해요? 나한테 물어보지도 않고요!"

나는 가슴이 답답해서 눈물이 다 났다. 펼쳐 놓은 김밥이랑 달걀도 안 먹고 학교 뒷마당으로 뛰어갔다.

"충국아."

어느새 영민이가 다가왔다.

"진수가 점심때 애들한테 아이스케키를 하나씩 사 줬어. 걔네 아버지는 교장 선생님한테 돈을 주고……. 그렇게 해서라도 꼭 일등을 해야 하나?"

영민이가 고개를 갸웃거리며 말했다.

"모르지."

"사람들이 친일파라고 손가락질해서 더 그러는 거라고 우리 엄마가 그러더라. 일본에 붙어서 부자가 되었으면서! 돈으로 뭐든 다 할 수 있다고 생각하나 봐."

나는 말없이 고개를 끄덕였다.

"우리 엄마는 네 고모처럼 독립운동하느라 시집도 못 간 사람은 알아주지도 않는다면서, 세상이 잘못되었대."

나는 영민이와 운동장으로 가서 백 미터 달리기 줄에 섰다. 달리기에서 일등이 나올 때마다 점수가 올라갔다.

줄다리기까지 끝나니 해가 서쪽으로 완전히 기울었다.

"지금까지 청군과 백군 동점입니다. 이제 삼각달리기로 이어달리기를 합니다. 여기서 청군 백군의 승패가 결정됩니다."

확성기에서 교무 선생님 목소리가 울려 나왔다.

고모가 걸어와서 내 옆에 서더니 치마를 올려서 허리춤에 묶었다.

나는 한숨을 푹 쉬고 선생님이 나눠준 하얀 띠로 고모의 왼발과 내 오른발을 묶었다. 우리가 맨 마지막에 섰다. 진수와 진수 아빠도 청팀 맨 마지막이었다. 진수가 나를 보고 눈을 부라렸다. 진수와 진수 아빠의 발목에는 파란 띠가 감겨 있었다. 여자랑 같이 뛰는 사람은 나뿐이었다.

"이런 건 니 애비보다 내가 더 잘한다."

고모가 나에게 속삭였다.

"다른 애들이 놀리잖아요."

그 사이. 벌써 한 팀이 운동장을 반 바퀴 돌았다.

"그게 뭐 중요하냐? 옳은 게 중요하지. 틀린 건 바로잡아야 한다."

"아무리 옳은 일이라도 누가 놀리는 건 싫어요."

달리기 일등이 바뀌자 사람들이 박수치며 소리 질렀다.

"청군! 청군! 청군 이겨라!"

고모가 청군 이기라고 외치는 사람들보다 더 크게 소리 질렀다.

"바로잡기 위해 싸우지 않았다면, 우리나라가 독립하지 못했다!"

"그럼 뭐해요? 알아주는 사람도 없고, 가난하게 살고!"

우리 앞에 서 있던 사람이 하나둘 줄어들자, 내 심장 소리도 점점 크게 울렸다.

"누가 알아주든 말든, 놀리든 말든, 내가 옳다고 생각하는 대로 살아야지비!"

고모가 허리를 굽혀서 발목 끈을 더 꽁꽁 묶었다.

"만주에서 내가 남자하고 경주해서 1등 한 거 아냐? 여자라고 깃발을 안 주기에 때려눕히고 뺏었지비."

고모가 앞으로 몸을 굽히며 뛸 준비를 했다. 사람들의 함성이 점점 커졌다. 청군이 백군보다 사분의 일 바퀴 정도 앞서고 있었다. 나는 진수를 쳐다봤다. 진수가 또 주먹을 날렸다.

"미리 발맞춰 보자. 다른 사람은 몰라도 저 친일파 부자한테는 절대 지면 안 된다!"

고모가 '헛둘헛둘' 뛰는 연습을 했다. 구령에 맞춰 발을 움직이

자 내 마음이 점점 가라앉았다.

'그래! 고모. 아니, 어머니만 믿으면 이길 수 있을 것 같아.'

청군이 뛰어와 바통을 주자 진수와 진수 아버지가 달리기 시작했다. 백군 주자는 아직 도착하지 않았다.

"빨리 오라우!"

어머니가 백군 주자에게 소리쳤다. 드디어 우리 앞 주자가 도착했다.

"야! 가자!"

어머니가 내 어깨에 손을 얹고 뛰기 시작했다.

내 옆구리에서 어머니 심장의 울림이 크게 느껴졌다. 내 심장도 어머니의 심장과 함께 울리기 시작했다. 발걸음을 뗄수록 진수에게 점점 가까워졌다. 그럴수록 함성과 박수 소리도 커졌다.

"와!"

사람들의 함성이 하늘을 찌르는 것 같았다.

"백군이 이겼다!"

나라를 구한 여성 독립운동가

이월봉 (1915~1977)

황해도 황주에서 태어났다. 1939년에는 서안 한국청년전에, 1940년에는 한국광복군 5지대에 입대하여 활약했다. 1941년 중국전 때는 한간부 등 4단 한청반에서 군사 훈련 과정을 수료했다. 이듬해 한국광복군 제2지대로 편입하여 항일 활동을 벌였다. 광복되자, 1946년 6월에 귀국했다. 미혼이었으나 남동생의 아들인 이충국을 양아들로 삼아 자신의 뒤를 이어가게 했다. 1963년에 대통령 표창을 받았고, 1990년 건국 훈장 애족장이 추서되었다.

임시정부의 살림꾼, 정정화

김이삭

아직껏 고생 남아 옥에 갇힌 몸 되니

늙은 몸 쇠약하여 목숨 겨우 붙었구나

혁명 위해 살아온 반평생 길인데

오늘날 이 굴욕이 과연 그 보답인가

국토는 두 쪽 나고 사상은 갈렸으니

옥과 돌이 서로 섞여 제가 옳다 나서는구나

철창과 마룻바닥 햇빛 한 점 없는데

음산한 공기 스며들어 악취를 뿜는구나

하루 두 끼가 한 줌의 보리며

일어서고 앉음이 호령 한마디에 달렸네

깊은 밤 찬 바람에 마루에 누웠는데

가을이 늦었어도 걸친 것은 모시옷뿐

옥리들의 소행이 우습기만 하나니

입 벌리면 사람에게 욕이나 퍼붓네

손들어 하는 짓은 채찍질이 고작이니

나하고 전삼생에 무슨 원한 있단 말인가

"할머니, 다 읽었어요."

손녀 선현이 정화가 쓴 책을 덮었다.

"우리 선현이 고맙구나. 할미를 위해 시도 읽어 주고."

"이 시, 할머니가 쓴 게 맞아요?"

"그럼, 이 할미가 감옥에 갇혔을 때 쓴 시란다."

"할머니가 감옥에 갇혔다고요?"

"그래, 아주 오래전에 그런 힘든 시절이 있었단다."

정화는 가슴이 먹먹해졌다.

"할머니, 저는 이제 방에 가서 숙제할게요."

선현이 제 방으로 가자, 정화는 베란다로 나가서 의자에 앉았다. 하늘을 쳐다보니, 옛일이 떠올랐다.

"이 녀석! 또 서당에 갔다 왔지?"

오빠들을 따라 서당에 갔다가 뒷문으로 몰래 들어왔는데, 그만 아버지에게 들키고 말았다.

아버지는 무과에 급제하여 전라우도 수군절도사를 거쳐 병조참판까지 지냈지만, 정화가 공부하는 것은 못마땅하게 생각했다.

"아버지, 저는 공부하고 싶단 말이에요."

여덟 살 정화가 다부지게 말했다.

"여자가 공부해서 뭐 하겠느냐. 나라를 위해 쓸 일이라도 있다면 모를까."

"여자는 왜 공부하면 안 되는 거죠? 왜 나라를 위해 쓸 일이 없다고 생각하시는 거예요?"

정화가 당돌한 눈빛으로 아버지를 쳐다보았다.

"얌전하게 있다가 시집갈 준비나 해라. 지금처럼 나라가 어려운 시기에는 더욱더……."

"싫어요."

정화는 속상해서 문을 닫고 방으로 들어가 버렸다.

"여자라고 나라 위해 쓰임 못 받을 이유가 뭐람……."

정화는 속상한 마음에 하염없이 눈물이 흘렀다.

열한 살이 되는 해인 1910년, 정화는 동갑내기인 김의한과 혼례를 치렀다. 김의한의 아버지 김가진은 공조판서와 농상공부대신을 지낸 사람이었다. 김의한은 정화와 마음이 맞는 사람이었다.

"부인. 나라가 이 지경이지만, 그럴수록 우린 배워야 하오."

"네, 서방님."

정화는 공부에 대한 열정이 타올랐다. 또 남편을 통해 세상 돌아가는 이야기도 열심히 들었다.

1919년 3·1 운동이 일어나자, 시아버지 김가진은 국내 최대 비밀결사 단체인 '조선 민족 대동단'을 만들었다. 그는 활발하게 독립운동을 하기 위해 상하이로 망명했다.

어느 날, 김의한이 말을 꺼냈다.

"부인. 나도 상하이로 가서 아버지를 도와야겠소."

김의한의 말에 정화는 조금도 놀라는 기색 없이 대답했다.

"총독부의 압박이 심해져서 그렇지요?"

"맞소."

"네, 서방님은 나랏일을 하셔야지요. 집안일은 조금도 걱정하지 마세요."

"부인, 그럼 다녀오리다."

김의한이 떠난 후 정화는 홀로 첫딸을 낳았다. 그러나 아이는 곧 숨지고 말았다.

"우리 불쌍한 아기……. 흑흑."

첫아기를 잃는 슬픔이 가시기도 전에, 정화는 대동단 사건으로 큰오빠가 구속되는 아픔을 또 겪어야 했다.

풍족했던 집안이 한순간에 풍비박산 났다.

'아버님을 모시는 것이 며느리의 도리이며, 그것 또한 나라를 위하는 것이야.'

정화는 상하이로 가서 시아버지와 남편을 돕기로 결심했다.

1920년 1월 초, 정화는 홀로 멀고 험한 길을 떠났다. 그때 나이는 스무 살이었다.

기차를 타고 의주를 거쳐 압록강 철교를 건넜다. 정화는 펑텐과 톈진, 난징을 돌아 마침내 상하이에 도착했다.

"수만 리 먼 길을 넘어왔구나. 장하구나."

김가진이 비쩍 마른 얼굴로 정화를 맞이했다.

"아버님, 많이 여위셨군요."

정화는 시아버지의 마른 얼굴을 보니 가슴이 아팠다.

정화는 상하이에서 박은식, 이시영, 이동영, 신규식 등 독립운동 지도자들도 만나게 되었다.

그들 역시 제대로 먹지 못해 몸이 많이 야위어 있었다. 정화는 우선 그들의 식사 챙기는 일을 맡아서 했다.

"얼마 만에 먹어보는 조국의 음식인가."

독립지사들이 정화가 끓인 된장찌개 맛을 보더니 눈시울을 붉혔다.

그러나 곧 쌀이 바닥나고 말았다.

"고국에 가서 독립 자금을 마련해 오겠습니다."

정화가 말하자 김의한이 놀라며 말렸다.

"당신이 어떻게 자금을 마련한단 말이오?"

"먹지 않고 어떻게 싸울 수 있단 말입니까? 걱정하지 마세요. 금방 다녀올게요."

정화는 곧 김가진에게도 자기 뜻을 말하고 국내로 몰래 들어왔다.

그러나 아무리 사방팔방으로 노력해도 돈을 구하는 일이 쉽지 않았다. 김가진의 친구 민영달마저도 상황이 어렵다 보니 도움을 주지 못했다.

그래도 정화는 독립자금 모금을 위해 시큰거리는 다리를 일으켜 세웠다.

1922년 6월 중순, 세 번째 밀입국을 시도하는 중에는 압록강에서 체포되었다. 정화는 곧 종로경찰서로 압송되었다. 정화는 눈 깜짝하지 않고 천연덕스럽게 둘러댔다.

"상하이에서 도저히 살 수 없어서 몰래 도망쳐 오는 길이었어요."

"하긴 그 힘든 일을 여자인 네가 어떻게 하겠느냐?"

정화는 용케도 풀려났다.

그러는 사이 77세의 시아버지가 영양실조로 이국땅에서 돌아가셨다는 전보가 도착했다.

며느리를 아끼고 독립 정신을 가르쳤던 시아버지가 돌아가셨다는 소식은 정화에게 하늘이 무너지는 일이었다.

"아버님, 부디 영면하소서."

그녀는 큰 소리로 울부짖었다.

정화는 시아버지가 돌아가신 후에도 압록강을 건너다니며 독립 자금을 조달하고 밀사 역할을 수행했다. 또 임시정부가 설립한 유치원에서 아이들을 가르치기도 했다.

'아버님, 잘 계시나요? 그렇게 원하시던 조국은 독립되었어요. 하지만 아범은 납북되었답니다. 벌써 제가 아버님께서 돌아가실 때의 나이가 되었네요. 흑흑흑……'
옛 기억을 떠올리니 눈물이 앞을 가렸다.
"할머니, 울어요?"
숙제를 마친 손녀 선현이 다가와 울상을 지었다.
"아니, 아니야. 이젠 그만 울 거야."
정화는 가만히 선현의 머리를 쓰다듬었다.

나라를 구한 여성 독립운동가

정정화 (1900~1991)

1900년 8월 3일 수원유수를 지낸 정주영의 2남 4녀 중 셋째 딸로 출생했으며 11세에 김의한과 결혼하였다. 3·1 운동이 일어난 후 시아버지인 김가진과 남편 김의한이 독립운동을 위해 상하이로 망명하자 친정아버지에게 8백 원을 얻어 중국 상하이로 건너갔다. 상하이 임시정부의 안살림을 맡았으며 1920년 비밀연락망인 연통제를 통해 국내로 잠입하여 독립운동 자금을 조달했다. 임시정부 김구로부터 한국의 잔다르크라는 칭송을 받았다. 1982년 건국훈장 애족장이 수여되었다.

간호사 박자혜

엄성미

자혜는 다섯 살 때 궁궐에 들어가 궁녀로 살면서 조선 왕조가 무너지는 것을 눈앞에서 보았다. 땅도 건물도 그대로인데 왕이 죽고 나라가 사라져 버렸다.

1910년 강제 병합이 시작되고 일 년 뒤, 내시와 궁녀 삼백 명에게 해고 소식이 날아왔다. 자혜가 열여섯 살 때였다.

"너희는 더는 이곳에서 일할 필요가 없다."

궁궐 관리자의 말을 듣는 순간, 자혜는 하늘이 무너지는 것 같았다. 추운 겨울에 빈손으로 내쫓기니 의지할 데가 없었다.

"자혜야, 우리 같이 살자꾸나."

조하서 상궁이 다른 상궁들과 함께 머무는 거처에 자혜도 함께

있게 해 주었다. 조 상궁은 자혜가 아기 나인일 때부터 보살펴 주고, 왕실 여인들이 즐겨 읽던 책이 많은 낙선재에 드나들 수 있도록 도와주던 정다운 이였다. 자혜는 그곳에서 책을 읽으며 세상 돌아가는 일에 눈을 떴다.

숙명여학교에서 신학문을 배웠던 조 상궁은 영특한 자혜에게도 배울 기회를 열어주었다.

"학교에 들어가 공부하는 게 어떻겠니? 내가 보증을 서마."

자혜는 숙명여자고등보통학교 기예과에 입학했다. 학교에서는 일본어, 한문, 산술 외에 가사, 재봉, 양재, 자수 등 자립에 필요한 기술 과목을 가르쳤다. 자혜는 학교생활이 즐거웠다. 그러나 열심히 공부해서 졸업해도 학교에서 배운 것만으로는 일자리 구하기가 쉽지 않았다.

자혜는 조선총독부 부속의학강습소에서 간호부과 학생을 모집한다는 소식을 듣게 되었다.

"조산부 양성소에 들어가야겠어."

자혜는 학자금 지원이 되는 곳이라 망설이지 않고 간호부과에 입학했다. 이곳에서 자혜는 해부학과 간호, 육아, 소독법, 간이생리학 등을 배웠다.

"간호사와 산파 자격증도 따고, 조선총독부의원 산부인과 간호사로 일하게 되다니!"

학교를 떠나던 날, 자혜는 기뻐서 눈물이 났다.

간호사로 일하던 어느 날이었다.

"사람이 죽어요. 의사를 불러 주세요."

한 여학생이 피투성이가 된 부상자를 데리고 와서 자혜에게 사정했다. 그 뒤로도 상처가 심각해서 숨이 금방이라도 넘어갈 듯한 조선인 부상자들이 물밀듯이 몰려왔다.

"무슨 일이에요?"

자혜가 여학생에게 물었다.

"사람들이 만세를 부르고 있어요. 순사들이 칼을 휘두르고 총을 쏘아대요."

여학생이 몸을 부르르 떨면서 말했다.

그때 한 할아버지가 죽어가면서도 만세를 불렀다.

"조선 독립 만세! 조선 독립 만……."

할아버지가 목숨을 거두자 자혜는 설움이 복받쳐 올랐다.

'조선을 호령하던 대신들이 나라를 팔았는데, 무지렁이 취급당

하던 백성들은 독립을 외치면서 죽어가고 있다.'

자혜는 부상한 조선인들을 구해야 한다는 생각에 밤낮을 잊은 채 간호에 매달렸다.

자혜는 며칠 뒤, 남대문 역 앞 도로에서도 수많은 사람이 태극기를 들고 독립 만세를 부르고 있다는 소식을 듣게 되었다.

'우리 간호사들도 힘을 보태야 해!'

자혜는 두 주먹을 불끈 쥐었다.

자혜는 함께 근무하는 조선인 간호사들을 복도로 불러 모았다.

"조선인들이 목숨을 걸고 독립 만세 운동을 하고 있어요. 우리도 힘을 보탭시다."

자혜의 말에 간호사들은 망설였다.

"우리는 고작 십여 명밖에 안 됩니다. 여자인 우리가 무얼 할 수 있겠습니까?"

"그래도 힘을 보태야 합니다. 낙숫물이 바윗돌을 뚫는다지 않습니까?"

그러자 몇몇이 다시 말했다.

"남동생을 공부시켜야 합니다. 여기에서 쫓겨나면 안 됩니다."

"간신히 돈벌이하게 되었어요. 고향에 계신 어머니를 모시려면 돈을 모아야 합니다."

"만세를 부르면 감옥에 끌려가는데, 우리마저 잡혀가면 조선인들 치료는 누가 해 줍니까?"

자혜는 잠시 생각하다가 입을 열었다.

"강요하지 않겠습니다. 그래도 용기를 내주십시오."

자혜의 설득에 네 명의 간호사가 뜻을 같이했다.

자혜는 간호사 독립운동단체인 '간우회'를 조직하고, 조선인 의사들을 만나러 다녔다.

"간호사들이 간우회를 만들었습니다. 작은 힘이나마 독립에 보탬이 되고 싶습니다. 도와주십시오."

자혜가 사정하자 조선인 의사들도 뜻을 같이하기로 했다. 자혜는 용기를 내어 다른 병원 의료인들에게도 독립운동에 참여해 달라고 부탁했다.

드디어 의사들이 동맹파업에 들어갔다.

1919년 3월 10일, 간우회 간호사들도 유인물을 돌리며 병원 안팎에서 만세를 불렀다. 간호사들의 만세 소리에 병원에서 치료를 기다리던 조선인 환자들도 옷소매로 눈물을 훔치며 조선 독립 만세를 외쳤다.

자혜는 만세 소리에 속이 뻥 뚫린 것처럼 시원했다.

'오래전에 이렇게 해야 했어! 궁궐에서 쫓겨나올 때도, 고종 임금님이 돌아가셨을 때도. 늦었지만 용기를 내서 다행이야!'

자혜가 만세를 부르며 병원 입구로 나갔을 때, 일본 순사들이 달려왔다.

"이 여자가 만세 운동 주동자입니다. 사나운 여자이니 조심하십시오."

일본인 의사가 자혜를 가리켰다.

자혜는 순사들에게 끌려가면서도 소리를 높였다.

"조선 독립 만세!"

총독부의원 의사들과 간호사들은 자혜를 보며 혀를 내둘렀다.

자혜는 감옥살이를 각오했지만, 며칠 만에 풀려났다. 병원장이 간곡히 요청한 덕분이었다. 자혜와 뜻을 같이하던 조선인 의료인들의 움직임이 예사롭지 않자 병원장이 나선 것이었다.

조선인 의사들은 이 사건을 계기로 병원을 떠났고, 간우회 간호사들도 결국 직장을 그만두게 되었다. 자혜는 감시 대상자가 되었기 때문에 다른 곳에서 일자리를 얻기 힘들었다.

'중국으로 망명하자! 그곳에서 나라에 보탬이 되는 일을 찾는 거야.'

자혜는 일제의 눈을 피해 홀로 중국행 기차에 올랐다. 기차가 출발하자 벌써 그리운 얼굴들이 머릿속을 스쳐 지나갔다.

어릴 적부터 돌봐주던 조 상궁과 학교에서 같이 공부했던 동무들, 그리고 간우회 회원들……. 자혜는 조국의 풍경을 눈에 담으며 웃었다. 눈물이 쏟아지려 해도 울지 않았다. 어느덧 들판에 봄이 와서 아지랑이가 피어오르고 있었다.

나라를 구한 여성 독립운동가

박자혜 (1895~1943)

1895년 12월 11일 경기도에서 출생했다. 1919년 봄에 연경대학 의예과에 입학해 의학 공부를 시작했으며, '간우회'를 조직하여 의료인 만세 운동을 주도했다. 1920년 단재 신채호를 만나 혼인했다. 1922년 국내로 들어와 독립운동을 후원하다가 1943년, 셋방에서 홀로 쓸쓸히 눈을 감았다. 1990년 대한민국 정부는 선생의 공훈을 기리어 건국훈장 애족장을 추서하였다.

도끼로 문을 부수고 독립 만세를 외치다!
고수선

이수진

대정읍 야학교 문을 벌컥 열고 들어오는 사람을 보자 수선은 소스라치게 놀랐다.

"아, 아버지!"

"너. 어째서 이 밤중에 여기에 있는 것이냐? 사내아이들 틈에서 무얼 하고 있느냐 말이다."

아버지는 교실에 들어서자마자 수선의 손을 잡아채며 소리쳤다.

'이렇게 무서운 아버지의 얼굴은 본 적이 없는데…….'

수선은 겁에 질린 채 아버지의 손에 끌려서 집으로 돌아왔다. 그날 밤, 수선은 아버지에게 회초리를 맞았다.

어머니는 매 맞는 모습을 더는 보고만 있을 수 없었던지, 자신의 등 뒤로 수선을 감추면서 말했다.

"여자는 글을 배우면 안 되다니요? 세상에 그런 법이 어디 있어요?"

그제야 아버지는 들었던 회초리를 내려놓았다.

수선은 자면서 잠꼬대를 했다.

"기역, 니은, 디귿, 리을, 미음, 비읍……."

"쯧쯧, 저렇게 공부하고 싶어 하는 애를……."

어머니는 수선의 종아리를 어루만지며 아버지를 원망했다.

다음 날, 수선은 새소리에 잠을 깼다. 이불을 젖히니 종아리가 퉁퉁 부어 있었다. 어젯밤 일이 떠오르자 수선은 화가 났다.

무언가를 알아가는 것이 이토록 재미있고 행복한 일인데, 어째서 아버지는 공부하면 안 된다고 하는지 도무지 이해할 수가 없었다.

수선은 무거운 생각을 털어내려고 애를 쓰면서 마루로 나와 걸터앉았다. 수선은 가만히 푸른 하늘을 올려다보았다. 모양을 바꾸며 떠다니는 뭉게구름을 보고 있자니 부러운 마음이 들었다.

"뭉게구름아, 너는 마음먹은 대로 어디든 갈 수 있어서 좋겠다.

공부하고 싶으면 야학교에도 갈 수 있지?"

그 모습을 지켜보던 아버지가 수선 옆에 앉으며 말했다.

"그렇게도 글을 배우고 싶으냐?"

"네, 아버지. 배우고 싶어요."

아버지는 종이와 붓, 그리고 벼루를 꺼내 와서 수선 앞에 내밀었다.

"내일부터는 야학교에 나가도 좋다. 하지만 나라가 없는 백성이 글을 배울 때는 그럴만한 이유가 분명히 있어야 한다. 알겠느냐?"

"아버지, 참말이세요? 많은 것을 배워서 조국을 위해 쓸게요."

수선은 뛸 듯이 기뻐했다.

수선은 바로 그날부터 다시 야학에 나가서 누구보다 열심히 공부했다.

얼마 후엔 제주 성내에 있는 신성여학교에 진학했다. 수선은 뛰어난 성적으로 5년의 학교 과정을 2년 만에 마치고 신성여학교의 1회 졸업생이 되었다.

수선은 여기서 멈추지 않고 경성여자고등보통학교[4]에 편입하기로 결심했다. 하지만 학교가 경성[5]에 있어서 제주도에서는 너무 멀었다.

'아버지께서 허락해 주실까?'

수선은 걱정했지만, 아버지는 오히려 용기를 주었다.

"수선아, 혹시라도 길이 보이지 않으면, 하늘을 보아라. 그러면 답을 찾을 수 있단다."

"아버지, 고맙습니다. 꼭 열심히 공부해서 나라에 쓰임 받는 사람이 되겠습니다."

수선은 부모님께 절을 하고 마침내 홀로 먼 길을 떠났다.

객지에서 지치고 힘들 때마다 수선은 습관처럼 하늘을 올려다 보았다. 제주에서 보았던 뭉게구름은 경성에서도 똑같이 수선의 머리 위에 떠 있었다. 수선은 마치 제주의 가족과 친구들을 보는 것 같았다.

'아버지 말씀이 맞아. 그래, 나는 혼자가 아니야.'

---

[4] 경성여자고등보통학교: 1908년에 설립된 최초의 중등여학교로 현재의 경기여자고등학교. 여성에게 필요한 고등보통교육 및 기예 등을 가르쳤다.
[5] 경성: '서울'의 전 이름. 1910년에 일본이 침략하면서 한성(漢城)을 고친 것이다.

하지만 진학의 기쁨은 오래가지 못했다. 일본인 교사 시바다의 가르침이 항상 수선에게 부당함을 느끼게 했기 때문이었다. 시바다는 조선을 늘 업신여기면서 일본의 우월성을 강조했다. 어느 날, 시바다가 말도 안 되는 소리를 했다.

"이순신이 거북선을 만들어 일본을 이겼다고 하는데, 이건 다 꾸며낸 이야기이다. 모두 새빨간 거짓말이란 말이다. 다들 알겠나?"

수선은 참을 수 없어 시바다에게 분명하게 말했다.

"이순신 장군이 임진왜란 때 거북선을 만들어 일본 수군을 물리쳤다는 것은 기록으로 남아 있습니다. 기록조차 부정하는 것은 억지를 부르는 것과 다름없습니다."

시바다가 수선을 향해 불같이 화를 냈다.

"감히 대들어? 고수선, 너는 불량한 학생이구나."

수선을 벌세우고도 화가 풀리지 않자, 오후 시간에 시바다가 학생들에게 명령했다.

"대일본제국의 신민이라면, 신성한 국기를 그릴 줄 알아야 한다. 모두 경건한 마음으로 국기를 정성껏 그리도록!"

일장기를 그리라는 말에 교실은 일순간 조용해졌다. 학생들은 그저 붓을 들고만 있을 뿐 어찌할 바를 몰랐다.

그러나 수선은 한 치의 망설임도 없이 동그란 원에 빨간색 물감을 칠했다. 시바다가 기분이 풀려서 말했다.

"그렇지. 일장기를 잘 그리는 착한 학생이 되어야 한다."

그때였다. 수선이 동그라미의 아래쪽에 파란색을 칠하기 시작했다. 태극 문양을 그리려는 것이었다. 시바다가 눈을 동그랗게 뜨며 소리 질렀다.

"지금 뭘 하는 것이냐?"

수선은 망설임 없이 대답했다.

"우리 조선의 국기인 태극기를 그리고 있습니다."

"뭐라고?"

시바다는 당장 수선이 그리는 태극기를 빼앗아 구겨 버렸다.

"고수선, 당장 복도로 나가서 무릎을 꿇고 반성하라."

수선은 당당한 얼굴로 복도로 나가서 찬 바닥에 무릎을 꿇었다.

'내 나라의 국기를 그렸다는 이유로 벌을 받다니······.'

수선은 입술을 깨물며 분노를 삼켰다.

'나라가 없는 백성이 글을 배울 때는 이유가 있어야 한다고 아버지께서 말씀하셨어. 그래, 조국의 독립을 위해 일해야겠어.'

수선은 마음속으로 결심했다.

수선은 태극기를 그려 몸에 지니고 다니면서 국가에 충성할 것을 매번 다짐했다. 그리고 자신과 뜻을 같이하는 학생들을 모으기 시작했다.

수선과 친구들은 몰래 모여서 당장 3·1 운동에 쓸 태극기를 그리기 시작했다.

그러나 3월 1일에 교사들이 기숙사 문을 굳게 잠가 버려 수선과 친구들은 한 발짝도 밖으로 나가지 못했다.

밖에서 "대한 독립 만세!" 소리가 세상을 뒤흔들고 있었다. 수선과 친구들은 마음이 다급했다. 그때 수선의 마음속에 아버지가 했던 말이 떠올랐다.

"혹시라도 길이 보이지 않으면, 하늘을 보아라."

수선은 기숙사 창문으로 하늘을 올려다보며 생각에 잠겼다. 잠시 후, 수선이 조그맣게 말했다.

"얘들아, 잠깐만!"

수선은 기숙사 창고로 달려가 도끼를 꺼냈다. 우르르 따라왔던 친구들이 놀라는 얼굴로 말했다.

"도끼는 왜?"

수선이 조용히 말했다.

"누구도 우리의 독립 의지를 막을 수 없어!"

수선은 들고 있던 도끼로 기숙사 문을 내리치기 시작했다.

"쾅쾅쾅……."

도끼 소리가 기숙사를 울렸다. 교사들이 달려왔지만, 이미 수선과 학생들은 태극기를 펼쳐 들고 거리로 뛰어나가고 있었다.

"대한 독립 만세! 대한 독립 만세! 대한 독립 만세!"

만세를 부르는 수선의 머리 위로 뭉게구름이 계속 따라다녔다. 수선은 아무것도 두렵지 않았다.

나라를 구한 여성 독립운동가

고수선 (1898~1989)

학교에서 일본 교사 배척 운동을 펼쳤으며, 1919년 3월 1일 만세 운동 때 탑골공원으로 가서 시위에 참여하였다. 1919년 3월 중순에 상해로 건너가 대한민국임시정부에서 군자금 모집 요원으로 활약하였다. 이후 경성의학전문학교를 졸업하고 한국 최초의 여의사가 된 뒤 의사인 김태민과 결혼하여 의술을 펼쳤다. 1·4 후퇴 후 전쟁고아들을 거두고 문맹 퇴치를 위한 한글 강습소 제주모자원을 설립했으며, 1969년 어린이집의 시초인 선덕어린이집을 설립했다. 용신봉사상, 만덕봉사상을 수상하였고 국가로부터 건국훈장 애족장을 받았다.

대한의 독립과 결혼한 김마리아

장세련

"우리 잘 해낼 수 있겠지?"

"걱정하지 마! 자신 있어."

주위를 살피며 낮은 목소리로 묻는 차경신에게 김마리아가 고개를 끄덕였다.

"일경들이 네 얼굴을 알아보면 어쩌지?"

경신이 조심스럽게 물었다.

일주일 전 동경에서는 조선 유학생들이 독립운동을 벌였다. 2·8 독립운동이었다. 동경 여자 유학생 친목회장이던 마리아가 이 운동에 앞장섰다. 그 일로 마리아는 일본 경찰에 끌려가서 조사를 받았다. 그 때문에 마리아는 일본 경찰에게 얼굴이 꽤 알려졌다.

"그래서 준비했지."

걱정하는 경신 앞에 마리아가 보란 듯이 기모노[6] 두 벌을 내밀었다.

"이걸 입자고? 넌 유난히 한복만 고집하잖아?"

경신은 어리둥절한 표정을 지었다.

마리아는 한복을 유난히 사랑했다. 어떤 자리에서든 한복만 입었다. 그런 마리아가 기모노를 입겠다니 놀라지 않을 수가 없었다.

"대한 독립을 위해서라면 이깟 기모노, 열 번이라도 입을 수 있어!"

마리아가 싱긋 웃었다. 얼굴에서 날카로운 의지가 느껴졌다.

"어떻게든 조선의 학생들에게 이걸 전해야 해."

마리아는 정성 들여 베껴 쓴 열 장의 독립선언서를 들어 보였다. 동경에서 있었던 2·8 독립운동의 선언서였다. 경신도 고개를 끄덕였다.

마리아는 기모노에 두르는 띠인 오비를 펼쳤다. 그 안에 가늘게 접은 독립선언서를 차곡차곡 넣었다.

---

6) 기모노: 일본의 전통 의상으로 흔히 여성의 옷을 가리킨다. 길이가 발목까지 오고 앞이 터져 있으며, 소매가 넓다. 앞길을 여며 폭이 넓은 허리띠를 두른다.

"이렇게 묶으면 일본 경찰도 감쪽같이 속을걸? 더구나 우리는 의심할 필요도 없는 왜년들이잖아?"

눈을 살짝 치뜬 마리아의 표정에 일본 여성을 향한 비아냥이 스쳤다.

"기모노에 독립선언서가 숨겨져 있을 거란 생각은 꿈에도 못 할 걸? 그래도 조심해야 해."

마리아는 기모노를 입은 뒤 오비로 허리를 묶었다. 독립선언서를 허리에 둘렀다고 생각하니 뿌듯했다.

1919년 2월 15일, 일본에서 부산으로 향하는 배에 오르고 있는 경신과 마리아는 영락없는 일본 여성이었다.

마리아는 혹시 조선말이 나올까 봐 말수를 줄였다. 어서 부산항에 닿고 싶었다. 마음에 이는 조바심을 떨치려고 마리아는 지난날을 돌아보았다.

황해도 소래초등학교에 입학하던 해에 아버지가 세상을 떠났다. 그로부터 9년 후 어머니마저 여의었다.

어머니가 세상을 떠난 이듬해에 서울에 있는 작은아버지 집으로 갔다.

작은아버지는 애국지사들과 어울렸다. 작은아버지 덕분에 이화학당을 졸업할 때까지 마리아는 많은 애국지사를 만날 수 있었다. 고모로부터도 많은 영향을 받았다. 고모는 나라를 위해 밀알이 되기를 마다하지 않는 독립운동가였다.

이화학당 졸업 후 광주 수피아 여학교에서 3년간 교사 생활을 하고 다시 모교인 정신여학교에서 1년간 학생들을 가르쳤다. 그 뒤 마리아는 일본으로 건너가 긴조여학교와 히로시마여학교에서 일본어와 영어를 배웠다. 마리아는 1918년, 2·8 독립운동에 뛰어들었다가 경찰에 붙들려 가서 온갖 모욕을 당해야 했다.

'조국이 없는데 동경 유학이 다 무슨 소용이람.'

대한 독립을 꿈꾸면서 마리아는 조국으로 돌아가야겠다고 생각했다. 마리아는 차경신과 독립선언서를 감추고 부산으로 들어오는 길이었다.

부산항에 내린 마리아는 마음이 급했다. 3월 1일이 되기 전까지 전국에 독립선언서가 전달되어야 했기 때문이었다.

"만세 운동은 전국에서 한꺼번에 일어나야 해요."

마리아의 말을 들은 애국 여성들은 곧바로 행동으로 옮겼다. 일본 경찰의 눈을 피해 독립선언서가 전달되었다.

마리아는 다시 황해도 봉산으로 향했다. 그곳에 가서도 만세 운동을 준비시켰다.

"대한 독립 만세!"

"일본은 물러가라. 대한 독립 만세!"

3월 1일, 계획대로 만세 소리가 전국에서 울려 퍼졌다. 동경에서 독립운동이 일어난 지 한 달도 채 되지 않은 때였다.

3월 1일 만세 운동은 동경에서 있었던 독립운동과는 달랐다. 그때는 인원이 그리 많지 않았지만, 이번에는 어른이나 아이나 할 것 없이 모두 몰려나온 것 같았다.

"김마리아가 동경에서 사라졌다. 틀림없이 이번 일과 관계가 있을 것이다."

주동자를 잡으려는 일본 경찰은 마리아에게 주목했다. 전국을 뒤져서라도 반드시 잡고야 말겠다며 이를 갈았다.

3월 5일, 유관순을 비롯한 선후배들의 소식이 궁금했던 마리아는 이화학당으로 향했다. 막 교문을 들어섰을 때였다.

"쥐새끼 같으니라고, 여기 있었구나."

기다리고 있었다는 듯 형사가 마리아를 잡아끌었다. 마리아는 꼼짝없이 붙잡히고 말았다.

보안법 위반이 마리아의 죄목이었다. 심한 고문이 시작되었다.

"솔직하게 불면 풀어 주겠다. 누구의 지시를 받고 움직인 거냐?"

"나라를 위한 일에 무슨 지시를 받겠느냐? 내가 옳다고 생각해서 움직였을 뿐이다. 그것이 어째서 잘못이란 말이냐?"

마리아의 의지는 꿋꿋했다. 그럴수록 고문은 더욱 심해졌다. 온몸을 불로 지지는가 하면 옷을 벗겨서 수치심을 갖게 했다. 채찍질과 불로 지진 흔적들로 온몸은 상처투성이였다. 온몸에 피와 진물이 찐득하게 엉겨 붙어서 냄새도 심했다.

"지독한 년. 그냥 풀어 주면 또 큰일을 낼 것이다."

형사가 고개를 절레절레 흔들었다.

"찬물을 끼얹어서 정신이 들면 감옥에 처넣어라."

살이 터져 짓무르는 고문에도 마리아는 굽히지 않았다.

서대문 형무소에서 5개월 동안 옥살이를 했다. 그 사이 마리아는 견디기 힘든 고문으로 온몸이 만신창이가 되었다.

"쉬면서 몸 좀 추스르세요."

주변에서 이렇게 권유해도 마리아는 모교에서 학생들을 가르치는 일로 활동을 시작했다.

"나라가 없는 민족이 어찌 편히 쉴 수 있겠어요?"

마리아의 의지는 무엇으로도 꺾을 수 없었다.

그해 9월에는 대한애국부인회의 회장이 되었다. 마리아의 임무는 상해 임시정부에 군자금을 지원하는 일이었다. 은밀하게 조직적으로 움직였지만, 마리아는 두 달 만에 다시 붙잡혔다. 함께 하던 동지의 배신 때문이었다.

"동지를 배신할 때는 그에게도 피치 못할 사정이 있었을 것입니다. 너무 미워하지 맙시다."

경찰에 끌려가면서도 마리아는 의연했다. 오히려 배신한 동지를 걱정했다.

"어째서 계속 보안법을 어기느냐?"

"내 나라의 독립운동을 하는 것이 어째서 보안법 위반이란 말이냐?"

몸은 쇠약해져 있었지만, 마리아의 의지만은 누구보다 단단했다.

"너는 대일본제국의 신민이다. 일본의 연호를 대어 보아라."

"나는 독립운동만으로도 바쁘다. 남의 나라 연호까지 댈 겨를이 없다."

결국 마리아는 징역 3년을 다시 선고받았다.

마리아는 이전의 고문으로 건강이 나빠진 터라 옥살이 내내 병에 시달렸다.

"저런 몸으로는 더는 엉뚱한 짓 못 할 테지."

살이 짓무르는 것을 보다 못한 일본 경찰이 마리아를 병보석으로 풀어 주었다. 그때 마리아가 요양 차 들른 곳은 서울의 보문암이었다.

"내가 이리 편히 몸을 누이고 있을 때가 아닙니다."

요양하던 마리아는 스님에게 도움을 청했다. 어떻게든 상해로 갈 마음을 먹은 터였다.

"일경의 모든 눈이 회장님을 향하고 있을 텐데요."

"제게 생각이 있습니다."

마리아는 치파오[7]를 구해 달라고 요청했다. 이번에는 대한 독립운동가의 신분을 치파오로 감출 생각이었다.

---

7) 치파오: 중국 전통 의상의 하나. 몸에 딱 맞는 원피스 형태의 옷으로 치마에 옆트임을 주어 실용성과 여성미를 강조하였다.

변신은 완벽했다. 마리아는 중국 여인의 차림으로 임시정부가 있는 상해로 아예 망명해 버렸다.

마리아가 사라진 뒤 일본 경찰은 혼비백산했다. 몸을 가누지도 못해 요양 중인 사람이 감쪽같이 사라진 일로 경찰 간부들은 책임을 추궁당하지 않을 수 없었다. 마리아의 망명 사건으로 간부 8명이 경찰직을 그만두어야 했다.

상해에서도 마리아의 활약은 눈부셨다. 공부와 독립운동을 병행하는 사이 결혼을 권유하는 이도 있었다.

"몸이 끝나는 날까지 나에게 주어진 의무를 다하는 것이 내 소원입니다. 나는 이미 조국의 독립과 결혼했어요."

저고리를 매만지며 마리아는 중매를 단호히 거절했다.

마리아의 저고리는 앞섶의 길이가 달랐다. 그것은 결혼할 수 없을 만큼 망가진 몸이라는 걸 짐작하기에 충분했다. 모진 고문으로 한쪽 가슴이 사라졌기 때문에 섶의 길이가 같은 옷을 입으면 짝이 맞지 않았다.

"이것은 가혹한 고문의 흔적이라기보다 내가 독립운동가라는 표식입니다. 제 소망은 오직 하나, 배우자인 대한 독립을 보는 일입니다."

하지만 마리아는 영원히 배우자를 만나지 못했다. 대한 독립을 한 해 앞둔 1944년에 세상을 떠났기 때문이었다. 유해는 마리아의 유언에 따라 대동강에 뿌려졌다.

나라를 구한 여성 독립운동가

김마리아 (1892~1944)

황해도에서 태어났으며, 한국의 교육자이며 독립운동가이다. 정신여학교 교원을 지냈다. 각지를 돌며 독립사상을 고취하다 체포되었다. 대한민국 애국부인회 회장, 상하이의 대한민국애국 부인회 간부 등을 지냈다. 1962년 건국훈장 독립장이 추서되었다.

나는 죽어서도 독립을 원해요, 박차정

정임조

차정은 여덟 살에 아버지를 잃었다. 아버지는 스스로 목숨을 끊었다. 하지만 아버지를 돌아가시게 한 건 일본이었다.

돌아가시기 전, 아버지는 늘 자랑하듯 말했다.

"얘들아. 아버지는 말이다. 신식 기술을 배워 나라에 도움이 되려고 한다."

"아버지, 신식 기술이 뭐예요?"

차정이 아버지 팔에 매달리며 물었다.

"측량 기술이란다. 토지를 정확하게 재서 주인을 찾아주는 일을 할 거란다."

차정 아버지는 자부심이 대단했지만, 주변 사람들은 그런 것은 일본 놈이나 하는 짓이라며 싫어했다.

"일본 놈들이 조사한다면서 우리 땅을 빼앗아 갔다. 박 씨도 일본 놈과 한패다. 저놈도 일본 앞잡이다."

사람들은 진심을 알지 못하고 차정 아버지를 오해했다. 견딜 수 없는 수모감을 느낀 차정 아버지는 결국 일본을 규탄하는 유서를 써놓고 부산 다대포에 있는 갈대밭에서 목숨을 끊었다.

"아버지가 왜 돌아가셨는지 절대 잊지 말아라. 아버지 원수를 갚는 길은 일본을 나라 밖으로 내쫓는 일이다!"

어머니가 눈물을 삼키며 말했다. 그때 어머니는 차정의 동생을 임신한 상태였다.

차정은 아버지를 잃은 슬픔 속에서 여덟 살 생일을 맞았다. 차정에게는 오빠 둘, 언니 하나, 남동생 하나, 여동생이 하나 있었다. 비록 아버지가 안 계셨지만, 차정은 그늘 없는 아이로 자랐다.

어머니는 홀로 자식들의 생계를 위해 삯바느질을 하러 다녔다.

차정은 아버지를 잃은 슬픔을 책을 읽으며 이겨냈다.

"오빠. 오늘은 무슨 책 읽어? 제목이 뭐야? 나도 좀 보자."

차정이 작은오빠 문호의 손에 든 책을 빼앗으려 깡충깡충 뛰었다.

"안 돼. 이건 네가 볼 책이 아니야. 공주나 왕자가 나오는 동화 책이 아니란 말이야."

"쳇, 무시하지 마. 나도 곧 중학생이 될 거라고."

"뭐, 중학생? 꼬맹이 네가?"

문호가 빤히 올려다보는 차정을 바라보았다. 마냥 철부지로만 여겼는데, 차정의 나이가 어느새 열세 살이었다. 문호가 들고 있는 책은 소설책이나 시집이 아니었다. 책에는 일본을 물리치기 위한 각오 및 작전이 담겨 있었다. 한 마디로 일본 순사가 알면 눈이 뒤집힐 일이었다.

"작은오빠. 그런데 큰오빠는 왜 안 보여?"

"쉿! 문희 형은 독립운동을 하는 사람들을 만나러 갔어."

"독립운동? 독립운동이 뭐야?"

"넌 아직 몰라도 돼. 아무튼 일본 순사들이 형에 관해서 물으면 무조건 모른다고 해. 알았지?"

"왜? 큰오빠가 무슨 죄를 지었어?"

"죄를 짓다니? 형은 위대한 일을 하고 있어. 일본 놈이 알게 되면 눈에 불이 날 일이긴 하지만."

문호가 일본 놈이라고 말하며 눈을 부릅떴다.

"나는 세상에서 오빠들이 제일 좋아. 오빠들하고 있으면 아버지

와 있는 것 같아. 나도 크면 오빠들처럼 독립운동을 할 거야."

"쉿! 그런 말 함부로 하면 큰일 나."

차정은 그때부터 독립운동의 꿈을 키워나갔다. 차정은 차차 오빠들이 하는 일이 무엇인지 자세히 알게 되었다. 문호는 독립운동에 기반이 되는 심부름을 해 주고 있었고, 문희는 신간회[8]에 가입하여 활동하고 있었다.

차정도 오빠들을 돕기 시작했다. 중국인이나 일본인 중학생으로 변장하고 활동하면 일본 경찰들이 알아보지 못했다. 하지만 일을 수행하는 동안 차정은 진땀을 흘렸다.

형편은 되지 않았지만, 배워야 나라를 지킬 수 있다고 생각하는 어머니 덕분에 차정은 부산 일신여학교에 입학할 수 있었다.

여고생이 된 차정은 민중 운동이나, 자주독립에 관한 책을 많이 읽었다.

"차정아. 왜 그렇게 어려운 책을 읽니? 재미있는 연애 소설이 얼마나 많은데."

---

8) 신간회: 1927년, 민족주의와 사회주의 운동의 대립을 막고, 항일 투쟁에서 민족 단일 전선을 펼 목적으로 조직한 민족 운동 단체. 이상재를 회장으로 추대하고 항일 투쟁에 많은 활약을 하였다.

"그런데, 무슨 뜻인지 알고 읽는 거야?"
친구들은 차정의 행동을 이해하지 못했다.
"너희는 일본 선생 밑에서 일본어를 공부하는 게 아무렇지도 않니? 우리가 일본말을 왜 배워야 하지? 나라가 힘이 없어서 그런 거야. 이건 나라를 지키기 위해 우리가 어떻게 해야 하는지 알려주는 책이야."
차정은 잔뜩 흥분해서 말했다.
그러나 차정은 원래 문학소녀였다. 시 짓는 것을 좋아하고 소설을 즐겨 썼다. 특히 죽은 언니가 그리울 때는 시를 지어 마음을 달랬다.
차정의 글솜씨는 학교에서도 유명했다.
"차정아. 너는 글로 큰일을 하게 될 거다. 계속 글 실력을 닦아 가도록 해."
"선생님, 저는 그럴 수 없어요. 독립을 위해 목숨을 내놓고 싸우는 사람이 얼마나 많은데요."
"그래. 생각이 그렇다면 너의 길을 가거라. 너는 선생인 나보다도 훌륭하구나."
선생님은 직접 독립운동에 뛰어들지 못하는 자신을 부끄러워하면서 차정이 졸업할 때까지 등록금을 대 주겠다고 약속했다. 차정은 선생님 덕분에 더욱 힘을 얻었다.

그러나 차정은 학교 공부에만 전념할 수 없었다. 일본에 저항하는 학생운동을 주도했기 때문이었다.

고등학교를 어렵사리 졸업한 차정은 여성 항일운동에 뛰어들었다.

1929년 광주에서 학생운동이 일어났다.

"이 일은 전국적으로 확산되어야 해."

차정은 배후에서 이들을 도와 1930년에는 11개 여학교가 시위 투쟁을 할 수 있게 했다.

결국 이 일이 발각되어 차정은 일본 경찰에 끌려가서 모진 고문을 당해야 했다. 석방되었을 때 차정의 몸은 만신창이가 되어 있었다.

"차정아. 너는 조선에서는 얼굴이 너무 알려져서 활동하기가 어렵겠다. 중국으로 오는 게 좋겠다."

먼저 중국에 가 있던 문희가 권유하여 차정은 그렇게 하기로 하고 북경으로 향했다.

차정에게 새로운 날이 시작됐다. 흩어졌던 사람들을 모아 단체를 만들고, 학교를 세워서 체계적인 독립운동을 준비했다. 북경에

서 함께 독립운동을 하던 김원봉과 결혼도 했다.

김원봉이 만주의 독립운동 단체인 의열단의 단장이었기 때문에 차정도 가입하여 활발하게 활동했다. 차정은 특히 여자들도 힘을 길러야 한다는 주장을 강하게 펼쳤다.

차정은 그 무렵 강서성 곤륜산에서 벌어진 일본과의 전투 소식을 들었다. 차정은 잠을 이룰 수 없었다. 동료들의 사망 및 부상 소식이 계속해서 들어왔기 때문이었다.

"여보, 저도 전투에 나가겠어요."

"안 되오, 여자가 감당할 수 있는 일이 아니오."

"독립운동에 남자 여자가 어디 있어요? 저는 당장 전쟁터로 가겠어요."

많은 이의 만류를 뒤로 하고 차정은 기어이 전쟁터로 향했다. 하지만 전쟁에 뛰어든 차정은 그만 어깨에 총상을 입고 쓰러지고 말았다. 병석에 누워 있던 차정은 끝내 일어나지 못했다.

"나는 죽어서도 독립을 원해요."

차정이 남편에게 마지막으로 남긴 말이었다. 그의 나이 고작 34살이었다.

나라를 구한 여성 독립운동가

박차정 (1910~1944)

부산 동래 출신으로, 15세 때부터 조선소년동맹에 가입해 활동하였다. 1929년 일신여학교를 졸업한 뒤 여성 항일운동에 이바지하던 중, 광주학생운동을 전국적인 반일학생운동으로 확대하다가 일본 경찰에 체포되었다. 이듬해 1월 부산방직 파업사건을 주도하다 체포되었다가 병보석으로 풀려난 후, 중국 베이징으로 건너가 의열단 단장 김원봉과 결혼해 단원으로 활동하였다. 1944년 5월, 강서성에서 일본군과 교전하다 부상을 입고, 그 후유증으로 고생하던 중에 사망했다. 1995년 건국훈장 독립장이 추서되었다.

샘골 선생님, 최용신

조영남

"저 젊은 처자가 또 왔네."
"집에서 살림이나 배우지. 쯧쯧."
"예배당 강습소에서 아이들 가르치는 최용신 선생이랍니다."
"공부도 많이 했다고 하더라고요."
"공짜로 공부시켜 준다고 하던데요."
"지금이 어느 때라고. 저러다 순사한테 잡히기라도 하면 어쩌려고."

빨래터에 모인 동네 아줌마들이 선생님을 보고 수군거렸다.

그때 나를 본 선생님이 반가운 얼굴로 다가왔다.

"참 예쁘게 생겼네. 몇 살이니?"

나는 약간 두렵기도 했지만, 왠지 가슴이 두근거렸다. 그때 엄마가 나서며 말했다.

"우리 남이는 공부 안 시켜요."

그러나 선생님은 엄마의 차가운 말에도 아랑곳하지 않고 밝은 얼굴로 인사했다.

"이름이 남이군요. 강습소에 보내주세요. 배워야 나라도 찾고 잘살 수 있어요."

"여자가 공부해서 뭐 한답니까. 그저 시집이나 잘 가면 최고지요."

"어머니, 세상이 많이 변했어요."

"그렇지요. 처자가 동네방네 다니는 걸 보니 많이 변했네요."

엄마는 선생님의 행동이 이해가 안 된다는 듯 말했다. 하지만 나는 선생님을 따라가고 싶었다.

"엄마, 나도 글자 배우고 싶어. 예배당 강습소에 보내줘."

엄마는 내 말에 깜짝 놀랐다.

"뭐라고! 아버지가 아시면 큰일 날 소리를 하는구나."

엄마는 얼토당토 않는 말이라고 했지만, 난 공부하고 싶었다.

"어머니, 남이는 똑똑해서 공부하면 아주 훌륭한 사람이 될 거예요. 예배당 강습소에 보내주세요."

"우리 남이는 살림 가르쳐서 좋은 데 시집보낼 거예요. 나라를 빼앗겨서 먹고 살기도 힘든데, 공부는 무슨 공부요?"

"어머니, 빼앗긴 나라를 되찾으려면 배워야 합니다. 그러니 남이를 강습소에 보내주세요."

"이 처자가 자꾸 귀찮게 하네. 남이 아버지가 알면 불호령 떨어져요. 남이야, 어서 집에 가자."

엄마가 내 손을 잡아끌었다. 나는 선생님과 헤어지는 것이 서운했다.

그 후로도 선생님은 집마다 다녔다. 일손이 필요한 곳에 찾아가서 돕고, 아줌마들에게 수예와 재봉 등 생활에 필요한 것을 가르쳐 주셨다. 또 아이들에게는 성경책을 읽어 주고, 재미있는 이야기도 해 주셨다.

"배운 처자가 다르긴 다르네."

"뭐든지 참 쉽게 가르쳐 주네요."

"선생님, 이거는 어찌하나요?"

아줌마들이 점점 선생님을 찾았다.

우리 집에 모내기가 한창이었다. 마을 사람들도 품앗이하러 왔다.

"저도 모내기 도울게요."

"아이고, 선생님이 무슨 일을 한다고 그러십니까?"

"저도 잘할 수 있어요."

선생님은 아빠가 거절해도 기어코 모내기를 돕겠다고 나섰다. 처음에는 서툴렀지만, 곧 능숙하게 잘했다.

"새참 드시고 하세요."

엄마가 새참을 가지고 왔다. 모두 잠시 일손을 멈추고 새참을 먹고 나무 그늘에서 쉬었다. 선생님은 쉬는 시간에 나에게 책을 읽어 주었다. 얼마나 재미있던지 시간 가는 줄 몰랐다. 어른들도 선생님의 이야기에 빠져드는지 조용했다.

선생님과 동네 사람들은 차차 정이 들어갔다. 아이들뿐만 아니라 동네 아줌마들도 글자를 배우기 시작했다.

"남이야, 일 그만하고 얼른 공부하러 가거라."

공부 타령하려면 당장 집에서 나가라고 하시던 아버지도 많이 달라졌다.

"선생님이 기다리시겠다. 꾸물대지 말고 얼른 강습소에 가."

"네, 아버지. 지금 가요."

나는 공부하는 것이 즐거웠다. 아는 것이 많아질수록 가슴도 부풀어 올랐다. 그리고 선생님처럼 예쁘고 훌륭한 사람이 되고 싶었다.

엄마도 아줌마들이랑 선생님께 글자를 배웠다. 예배당 강습소는 소문이 나서 다른 동네 아이들까지 몰려왔다. 그래서 강습소는 오전반, 오후반, 야간반까지 3부로 운영되었다.

선생님은 아침부터 밤까지 엄청 바빴다. 배우려는 사람이 많아서 힘들 텐데도 선생님의 얼굴에는 항상 웃음꽃이 피었다.

예배당 강습소가 문을 연 지 석 달이 지났을 때, 아이들이 무려 100명이나 되었다. 그러다 보니 강습소가 너무 좁았다. 선생님은 '샘골 학원'을 새로 짓기로 했다. 마을 사람들은 선생님을 돕기로 하고 조금씩 돈을 모았다. 선생님은 샘골 학원을 지을 때 직접 벽돌을 날랐다.

"선생님, 우리도 도울게요."

"그래, 어서 와."

선생님과 마을 사람들, 그리고 아이들의 고사리손으로 샘골 학원이 새롭게 문을 열었다. 샘골 학원의 학생은 점점 늘어났다. 반면 일본이 세운 공립보통학교의 학생 수는 점점 줄어들었다. 선생님은 민족의식을 기르기 위해 학생들에게 무궁화가 그려진 샘골 학원의 마크를 모자에 달고 다니게 했다. 하지만 일본 교육부가 우리 민족의 자존감을 가르치는 샘골 학원을 탄압하기 시작했다.

"우리는 우리글을 배워야 합니다. 나라는 빼앗겼지만, 정신까지 빼앗기면 안 됩니다."

선생님은 몰래 우리글을 가르쳤다. 선생님은 월급을 받지 못해 생활비는 마을 사람들이 조금씩 모아서 드렸다. 여러 가지 어려운 환경에도 선생님의 가르침에 대한 열정과 우리들의 배움에 대한 열정은 뜨거웠다. 그러나 일본은 결국 강제로 샘골 학원의 수업을 정지시켰다.

"새로운 지식이 필요합니다. 더 많이 공부해서 오겠습니다."

선생님은 농촌계몽운동의 한계를 느끼고 일본으로 유학을 떠났다. 그러나 떠난 지 3개월 만에 과로로 병이 들어 더 이상 공부하지 못하고 돌아오게 되었다. 마을 사람들은 선생님이 우리 마을로 돌아오길 간절히 바랐다.

"우리가 선생님을 치료해 드려야 합니다. 꼭 우리 마을로 돌아오세요."

이렇게 해서 선생님은 우리 마을로 오시게 되었다. 마을 사람들은 선생님을 지극정성으로 간호했다.

"선생님이 계시니 마을에 평화가 찾아온 것 같습니다."

선생님이 일본에 유학 가신 뒤 후임자가 왔지만 몇 번이나 바뀌고 마을은 자리를 잡지 못했다. 이제 샘골 학원도 안정을 되찾고 선생님도 차츰 건강을 되찾고 있었다. 그런데 YWCA에서 재정난으로 학교에 보조금을 지원하지 못한다고 했다. 선생님은 사회에 도움을 청하기 위해 〈여론〉이라는 잡지에 '농민의 하소연'이라는 글을 기고했다. 그리고 건강을 회복하지 않은 몸으로 다시 수업을 시작했다.

"선생님, 좀 더 쉬세요."

"아니야. 이제 다 나았어. 너희를 보니 힘이 저절로 솟는구나."

선생님의 열정은 여전히 뜨거웠다. 우리는 선생님의 가르침을 따라 열심히 공부했다. 그러던 어느 날, 선생님이 쓰러졌다.

마을 사람들은 너무 놀랐다. 수술을 두 번이나 받았지만, 선생님의 건강은 차도가 없었다. 그리고 돌이킬 수 없는 상태가 되어서

1935년 1월 23일 26세의 꽃다운 나이로 하늘의 별이 되셨다.

"나는 갈지라도 사랑하는 샘골 학원을 영원히 경영하여 주시오. 샘골 여러 형제를 두고 어찌 가나. 애처로운 우리 학생들의 진로는 어찌하나. 유골은 샘골 학원 부근에 묻어 주오."

선생님이 남긴 유언이었다.

마을 사람들은 너무나 슬퍼했다. 그리고 유언에 따라 선생님을 샘골 학원이 잘 보이는 곳에 모셨다.

"영숙아, 우리도 열심히 공부해서 선생님처럼 훌륭한 사람이 되자. 우리글과 우리 민족의 자존감을 가르쳐 주기 위해 모든 걸 바치신 선생님을 영원히 잊지 말자. 그리고 우리나라를 되찾는 데 우리 힘을 보태자."

"그래, 약속하자."

최용신 선생님이 떠나는 날 나는 영숙이와 손가락을 걸며 약속했다.

마을 사람들도 모두 선생님의 아름다운 정신을 가슴 깊이 새겼다.

나라를 구한 여성 독립운동가

최용신 (1909~1935)

원산에서 태어났다. 루씨고등여학교를 졸업하고 서울여자신학교에 재학 중이던 1931년, YWCA 농촌사업부에서 경기도 수원군 반월면 샘골(현 안산시 상록구 본오동)에 파견되어 농촌교육을 시작하였다. 마을 주민의 협조를 얻어 학교를 짓고 10리 길을 걸어서 다니며 어린이들을 가르쳤다. 1934년 일본 고베신학교에 유학하였다가 신병으로 귀국했다. 샘골에서 요양하면서도 농촌계몽운동을 계속하던 중에 사망했다. 한국여성단체협의회에서는 1964년 용신봉사상을 제정하여 매년 시상해 오고 있다.

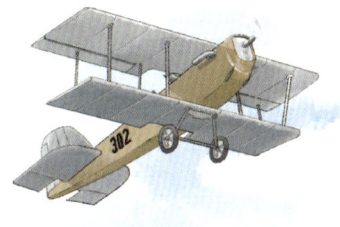

마음속에 품은 꿈, 권기옥

최미정

마룻바닥에 의자를 여러 개 가져다 놓고 그 위에 이불을 덮었다. 의자가 만든 공간 안에 촛불을 켜니 그림자가 너울거렸다.

"됐어. 불 꺼."

기옥이 나직이 속삭이자 한방을 쓰는 후배가 스위치를 눌러서 전깃불을 껐다.

"이렇게 하면 바깥에 불빛이 새어 나가지 않을 거야."

기옥이 종이를 펼치며 말했다.

"거사가 이틀 앞이야."

기옥은 태극기 목판에 색을 칠한 다음 종이에 힘껏 눌러서 찍었다.

"언니는 무섭지 않아요?"

후배가 태극기를 내려놓고 물었다.

"나도 무서워. 하지만 이렇게 나라 없는 백성으로 살 수는 없어. 밖에 나가면 우리 백성을 괴롭히는 일본인들 천지야. 우리가 왜 이런 수모를 당하며 살아야 하니?"

태극기를 잡은 기옥의 손이 파르르 떨렸다. 혹시라도 교장 선생님이나 기숙사 사감한테 들키는 날에는 감옥에 끌려가 모진 고문을 당할지도 몰랐다.

기옥은 1901년 평안남도 평양에서 태어났다. 아버지가 노름으로 전 재산을 잃자 남의 집 문간방에서 힘들게 살았다. 공부는 꿈도 꾸지 못하고 어린 나이에 공장에 취직해서 돈을 벌어야 했다. 딸이라는 이유로 아버지한테 모진 말도 들었다.

'나도 배우고 싶어.'

기옥의 마음속에는 배움에 대한 목마름이 가득했다. 그러다 12살 교회에서 운영하는 송현 소학교에 다니게 되었고, 숭의여학교에 입학할 수 있었다. 숭의여학교에는 교사와 학생이 중심이 되어 여성 독립운동을 펼치는 비밀단체인 송죽회가 있었다.

3월 1일, 전국적으로 만세 운동이 펼쳐지던 날 숭의여학교 교사였던 박현숙과 기옥이 선봉에 섰다. 뒤를 이어 많은 학생이 뒤따랐다. 결국 만세 운동에 앞장섰던 박현숙과 기옥은 체포되어 끌려갔다.

"조용히 공부나 할 것이지 목숨이 아깝지 않은 모양이군."

경찰이 기옥에게 칼을 들이대며 음흉하게 웃었다.

"목숨이야 아깝지요. 하지만 나라 잃은 설움만 하겠어요?"

기옥도 지지 않고 대들었다.

3주 후에 감옥에서 풀려나 초췌한 얼굴로 돌아오자, 교장과 사감이 싸늘한 눈빛으로 보았다. 그러나 기옥은 아랑곳하지 않았다.

중국 상하이에 대한민국 임시정부가 세워졌다는 소식이 들려오자 송죽회는 학교의 삼엄한 눈을 피해서 또다시 모였다.

"독립운동 자금을 마련해야 할 것 같아."

기옥이 생각을 말했다.

"어떻게 마련하면 좋을까?"

"머리카락부터 자르자."

"머리카락을?"

"시장에서 머리카락이 비싼 값에 팔리고 있어. 이깟 머리카락 없으면 어때?"

"좋아. 나라를 위한 길이라면 무엇이든 해야지."

너나 할 것 없이 땋아서 묶은 머리를 가위로 싹둑싹둑 잘랐다.

"좋은 곳에 쓰일 거야."

기옥이 가위를 내려놓으며 입술을 꼭 깨물었다.

이후 기옥과 학생들은 10월 평양 만세 운동에 참여했다가 또다시 경찰에 체포되고 말았다. 임시정부에 독립 자금을 댄 것도 발각되었다.

6개월이 훨씬 지나서 풀려난 기옥의 몸은 만신창이가 되어 있었다.

어느 날, 양복을 차려입은 신사가 기옥을 찾아왔다.

"임시정부의 일을 도와줄 수 있겠소?"

기옥은 서슴지 않고 대답했다.

"물론입니다. 맡겨 주시면 무슨 일이든 하지요."

이 일로 기옥은 일본 경찰에 쫓기는 신세가 되었기 때문에 중국 상하이로 떠나기로 하고 몰래 멸치잡이 배에 올랐다. 20여 일 후에야 기옥은 상하이에 겨우 도착할 수 있었다.

상하이에 도착한 기옥은 안창호 선생을 만나면서 가슴에 품고 있던 꿈같은 소망을 이루게 되었다.

17세 때 평양에서 미국인 아트 스미스가 곡예 비행하는 것을 우연이 본 일이 있었다. 기옥은 비행사가 된다면 나라를 위해 더 많은 일을 할 수 있을 것 같았다.

기옥이 안창호 선생에게 당당하게 말했다.

"비행사가 되어 조선 총독부 건물을 폭파하고 싶어요."

안창호 선생이 힘을 실어 주었지만, 항공학교에서는 기옥이 여자라는 이유로 입학을 거절했다.

기옥은 이에 굴하지 않고 대한민국 임시 정부가 써 준 추천서를 들고 학교를 다시 방문했다. 군사령관인 탕지야오가 기옥의 의지에 감동하여 흔쾌히 받아주었다.

기옥은 체력 단련 및 비행기 조종 방법 등 여러 가지를 훈련받았다. 열심히 노력한 덕에 드디어 단독 비행도 할 수 있게 되었다.

"뭐? 권기옥이 비행기를 몬다고?"

일본 경찰이 기옥을 잡아들이려고 눈에 불을 켰다. 기옥은 새벽에만 비행 훈련을 하고 학교 밖으로는 한 발짝도 나가지 않았다.

1925년, 기옥은 윈난항공학교 제1기 졸업생이 되었다. 첫 한국인 여성 비행사가 된 것이었다.

한국애국부인회 회원이었던 기옥은 여러 갈래로 나뉜 여성 독립운동가들을 하나로 모으는 데도 힘을 쏟았다.

"뭉쳐야 더 큰 힘을 발휘할 수 있어요."

여성 독립운동가들은 기옥을 중심으로 똘똘 뭉쳤다.

"한국광복군 비행단을 만드는 건 어때요?"

"비행단이요?"

"비행기만 몰 수 있으면 미국 군대와 협력해서 일본과 맞설 수 있어요."

"좋은 생각이에요. 힘들겠지만, 우리 한번 해 보아요."

그러던 중, 1945년 8월에 드디어 광복을 맞았다. 기옥은 28년 만에 고국으로 돌아왔다.

기옥은 국회 국방위원회 전문위원으로 공군을 만드는데 그동안 쌓은 노하우를 풀어놓았다. 또한 출판사를 차려 책을 출판하고 집안 형편이 어려워 배움을 포기하려는 학생들에게 장학금을 지원하기도 했다.

장학금 수여식 날, 기옥은 아이들에게 힘주어 말했다.

"배우면 힘든 일이 닥쳐도 이겨낼 힘을 가지게 됩니다. 열심히 공부하면 새로운 길이 여러분을 인도해 줄 것입니다."

기옥은 아이들에게 더 이상 나라 없는 설움을 겪게 하면 안 된다고 생각했다. 아이들의 반짝이는 눈동자를 보니 기옥은 가슴이 뛰었다.

"하늘을 날면 어떤 기분이 들어요?"

한 아이가 기옥에게 물었다.

"세상이 다 내 것이 된 것 같단다. 나를 힘들게 했던 모든 것들이 발아래에 있거든. 비행기 조종사가 될 꿈을 꾸어도 좋아. 상상하지 못했던 일들을 경험하게 될 테니까."

기옥이 웃었다.

아이들은 눈을 반짝이며 하나둘 공부하러 간다면서 자리에서 일어섰다. 이 나라의 미래가 그들 어깨에 있었다.

나라를 구한 여성 독립운동가

권기옥 (1901~1988)

평양에서 태어났다. 평양 숭의여학교에서 3·1 운동에 참여하고, 대한민국임시정부에 군자금을 조달하다가 체포되어 6개월간 복역했다. 출옥 후 상하이로 망명, 대한민국 임시 정부에서 활동하다가 윈난 육군항공학교에 입학 한국 최초 여자 비행사가 되었다. 광복 후, 귀국해서 6·25전쟁을 겪고 국회 국방위 전문위원으로 활동하였다. 전 재산을 장학사업에 기부하고 87세의 나이로 세상을 떠났다. 1977년, 건국훈장 독립장이 추서되었다.

민족의 어머니, 김락

최봄

"예안면에서도 곧 시위가 일어날 겁니다."

둘째 아들의 귀띔에 김락은 가슴이 두근거렸다.

경북 예안의 만세 시위는 이동봉, 이용호, 김동택, 신용한 등이 3월 1일 서울의 시위에 참여한 후 그 소식을 전하면서 추진되었다.

"어머니는 절대 나서지 마세요. 어머니는 남아서 집안을 지키셔야지요."

김락은 고개를 저었다.

"나라가 이 지경인데 집안은 지켜서 무엇 하겠느냐?"

김락은 강제합방 전부터 의병 활동을 주도했던 시아버지 이만도 선생을 떠올렸다.

"아버님이 살아계셨더라면……."

그녀의 시아버지는 관직에 있던 사람으로서 나라를 지키지 못해 부끄럽다며 단식을 하다가 24일째 되던 날 목숨을 끊었다.

"아버님, 하늘에서 힘을 보태 주세요."

김락은 시아버지에게 힘을 달라고 빌었다.

혼인한 지 6년 만에 시어머니가 세상을 떠나는 바람에 그동안 김락은 맏며느리로서 묵묵하게 집안을 이끌며 식솔들을 돌봤다.

'이제 나도 나라를 되찾는데 작은 힘이라도 보태야지.'

김락의 친정과 시댁 대부분의 일가친척들은 국내, 혹은 국외에서 독립운동을 하고 있는 터였다.

예안면 만세 시위 날, 김락은 밥을 든든히 먹고 집을 나섰다.

1919년 3월 17일 오후 3시, 예안면 장터에 사람들이 모여들기 시작했다. 사람들은 면사무소 뒤편 선성산으로 올랐다.

"치욕스러운 일이요."

"맞소, 어대전기념비[9]를 그냥 두고 볼 수는 없소."

---

9) 어대전기념비: 일제가 다이쇼 일왕의 즉위를 기념해 세운 비.

어대전기념비를 쓰러뜨리는 것을 시작으로 시위대 100여 명이 일제히 시장을 향하여 힘차게 나아갔다.

"두려워하지 맙시다!"

김락은 마음을 다잡고 소리쳤다.

"대한 독립 만세!"

김락은 태극기를 흔들며 목이 터지라 외쳤다.

"땅! 땅!"

일본 경찰들이 총을 쏘아대기 시작했다. 시위를 시작하고 얼마 되지 않아서 15명이 체포되었다. 하지만 장터에 모인 사람들은 돌멩이와 기왓장을 던지며 시위를 이어 나갔다. 저녁 무렵 25명이 또다시 체포되었다.

3월 22일, 2차 시위가 일어났다.

오후 7시에 2,000여 명이 태극기를 들고 동부동과 서부동, 선성산 위에서 대한 독립 만세를 외쳤다.

일본 순사들이 시위하는 사람들에게 총을 쏘고 곤봉과 채찍으로 내려쳤다. 독립 만세를 외치던 사람들이 총에 맞아 쓰러졌다. 피를 흘리며 울부짖는 사람들의 소리가 처절하게 메아리쳤다.

2차 시위에서 3명이 체포되었는데, 김락도 그중의 한 명이었다.

"보통 할망구가 아니야. 친정이고 시댁이고 3대가 똘똘 뭉쳐 말썽을 일으키는 집안이라니까."

일본 형사가 곤봉으로 김락의 등을 후려치고 구둣발로 종아리를 걷어찼다. 김락은 쓰러지지 않기 위해 몸을 더 꼿꼿하게 세웠다.

"이 악질에게 물 한 모금도 주지 마라."

일본 형사가 매서운 눈초리로 김락을 노려봤다. 김락은 일본 형사의 눈을 피하지 않았다. 짐짓 아무렇지 않은 듯 태연하게 굴었다.

"누구의 지시로 시위에 참여했는지 어서 말하지 못해!"

"모르오."

밧줄에 손발이 묶인 채 의자에 앉아 고문당하던 김락은 오른쪽으로 기울어진 몸을 세우려고 왼쪽으로 움직였다.

"쿠당탕."

의자가 기울어지며 김락이 넘어졌다.

"가만히 있지 못해."

젊은 일본 형사가 김락의 뺨을 때린 뒤 일으켜 세웠다.

"고집 센 할망구로군."

이번엔 나이 든 일본 형사가 김락의 머리칼을 움켜쥐고 흔들었다.

"으윽."

김락은 소리를 내지 않기 위해 입술을 깨물었다.

"누가 시위를 주도했는지 말하지 못하겠느냐?"

"정말 모르오."

김락은 정말로 누가 예안면의 시위를 주도했는지 알지 못했다. 일본은 먹이지도 재우지도 않았을 뿐만 아니라, 눈을 찔러대며 고문했다. 눈의 통증은 오래 계속되었다.

"아, 앞이 안 보여!"

어느 날, 고문을 당하던 김락이 중얼거렸다. 언제부턴가 표독스러운 고등계 일본 형사의 얼굴이 뿌옇게 보이더니 윤곽조차 어렴풋했다. 김락은 모진 고문으로 결국 두 눈을 실명하고 말았다.

일본 형사들은 나이도 많고 앞도 안 보이는 김락을 집으로 돌려보낼 수밖에 없었다.

집에 돌아온 김락은 정안수를 떠 놓고 빌었다. 나라를 위해 고생하는 남편과 독립운동을 하는 사람들을 위해 하루도 쉬지 않고 기도했다. 앞이 보이지 않아 하루하루 지내는 일이 참담했지만, 실명을 핑계 삼아 아무 일도 않고 누워서 지낼 수는 없었다.

"서방님, 하시는 일은 잘 되고 있는지……."

김락의 남편 이중업은 일본의 침략을 폭로하고 우리나라가 독립 국가임을 세계에 호소하기 위해 '파리장서의거(제1차 유림단 의거)'에 참여했던 주동 인물이었다. 이중업은 국외 독립군 기지 건설을 위해 자금을 모으는 일로 시작된 제2차 유림단 의거에서 안동 출신의 유림들을 참여시키는 데 결정적인 역할을 하고 있었다.

"비나이다. 비나이다."

김락이 두 손을 모으고 기도하고 있을 때, 둘째 아들이 숨을 헐떡이며 집안으로 뛰어 들어왔다.

"어머니!"

"무슨 일이냐?"

"아버님이 체포되셨습니다."

"뭐라고?"

김락은 가슴이 철렁 내려앉았다.

"동지들과 함께 독립청원서를 중국의 유력 인사들에게 보내려고 시도하시다가 그만……."

1921년 11월, 이중업은 결국 주검이 되어서 집으로 돌아왔다.

김락은 통곡했다. 앞이 보이지 않으니 남편의 마지막 모습도 볼 수 없었다. 꿋꿋하게 버텼던 김락은 남편의 주검 앞에 힘없이 무너졌다.

그러나 김락은 무너진 마음을 추스르며 독립운동을 하는 두 아들을 뒷바라지했다.

하지만 독립의 그날은 아득히 멀어 보였다. 김락은 일본제국주의 치하에 사는 일이 너무나 견디기 힘들어 시아버지 이만도 선생을 따라가려고 두 번이나 자결을 시도했다. 하지만 그 뜻도 이루지 못했다.

67세 되던 해인 1929년, 김락은 조국의 독립을 보지 못 한 채 결국 세상을 떠났다.

나라를 구한 여성 독립운동가

김락 (1863~1929)

경상북도 안동에서 태어나서 19세에 이중업과 결혼했다. 1910년 일본과 합병되자 시아버지 이만도가 단식으로 순국하자 남편과 맏아들이 모두 독립운동에 투신하였다. 김락은 58세의 나이로 예안의 3·1 운동에 참가하였다가 체포되었으며, 이때 받은 고문으로 두 눈을 실명하였다. 김락의 친정과 시가는 모두 항일 독립운동가 집안으로, 친인척 중에 추서된 독립운동가가 무려 25명이나 되었다. 김락에게 2001년 애족장이 추서되었다.

 작가 후기

다양한 활약을 펼쳤던 여성 독립운동가를 찾아서

    하고 싶은 말을 마음껏 하는 것이 당연한 권리일까요? 먹고 싶은 것을 먹을 수 있고, 잠자고 싶을 때 자는 것 역시 당연한 권리일까요? 다행히 우리는 이런 것을 할 수 없다는 건 생각조차 하지 않고 살고 있어요. 말하고 먹고 자는 것은 인간이 누려야 할 기본적인 권리니까요.

    하지만 당연한 것을 빼앗기던 시절이 있었어요. 일해서 얻은 것은 물론, 말과 글까지 빼앗긴 채 살아야 했지요. 일제 강점기에 우리 선조들은 그렇게 죽음보다 못한 삶을 살았어요. 기막힌 세월이 무려 36년이나 되었어요.

하지만 결국 어둠이 걷혔지요. 조국의 독립을 바라며 목숨을 바쳐 싸운 독립운동가 덕분이지요. 그분들을 우리도 익히 알고 있어요. 김구, 안창호, 안중근, 윤봉길, 이준, 유관순…….

그런데 우리가 모르는 여성 독립운동가도 정말 많아요. 남자에 비해 여자가 무시당하던 시절이어서 그 노력이 묻혔던 거예요. 독립운동에 여자 남자가 있을 수 없지요.

울산창작동화 실바람문학회는 다양한 활약을 했던 여성 독립운동가를 찾아서 알리고 싶었어요. 찾고 보니, 그분들의 활약상이 매우 다양해서 놀랐어요.

동급생들과 태극기를 제작하고 독립만세 운동을 벌이다가 옥고를 치른 김귀남, 여성이 군인으로 입대하는 일이 드문 시절에 광복군에 입대하여 활약한 이월봉, 시아버지와 남편을 응원하려고 중국 상하이로 건너가 임시정부의 안살림을 맡아 독립운동 자금 조달에 힘을 쏟은 정정화, 간호사의 신분으로 의료인들에게 애국심을 불러 일으켰고 단재 신채호 선생의 아내가 되어서도 독립운동에 앞장섰던 박자혜, 3·1 만세 운동에 참가한 후 대한민국 임시정부에서 군자금 모집 요원으로 활약한 한국 최초의 여의사 고수선, 교육자로 독립운동에 앞장섰으며 대한독립과 혼인했다며 결혼도 하지 않았던 김마리아, 광주학생운동, 부산방직 파업 사건을 주도하며 김원봉과 결혼해 의열단 단원으로 활약하다 일본의 총탄에 맞아 숨진 박차정, 농촌교육에 앞장서서 학교를 짓고 어린이들을 가르치며 농촌계몽운동에 평생을 바친 최용신, 임시정부의 군자금 조달에 몸 바친 한국 최초의 여성 비행사 권기옥, 온 가족이 독립운동에 투신하자 58세의 나이로 3·1 운동에 참가했던 김락이 그들이에요.

물론 더 많은 여성 독립운동가가 있어요. 그분들도 이 책에 소개한 여성 독립운동가에 못지않은 활약을 펼쳤어요. 그분들의 이야기 모두를 한 권의 책에 담을 수 없는 것이 안타까울 뿐이에요.

우리의 오늘은 그냥 생겨난 것이 아니에요. 비록 분단으로 남북이 나뉜 상태지만, 우리나라의 위상은 대단하지요. 이런 날이 오기까지 많은 분이 조국을 위해 목숨을 아끼지 않았다는 것을 잊으면 안 되겠어요.

후손으로서 부끄럽지 않도록 최선을 다하는 것이 노고에 보답하는 길이에요. 지금 우리가 나라를 위해 무엇을 해야 하는지 늘 생각하면서 살아야겠어요.

울산창작동화 실바람문학회